J. MASSICAULT

LA

NOUVELLE LOI MILITAIRE

Lois sur le Recrutement de l'Armée
et l'Organisation de la Garde Nationale mobile

TEXTES COMPLETS ET ANNOTÉS

2e ÉDITION
augmentée d'un questionnaire

50 CENTIMES

BORDEAUX

CHEZ TOUS LES LIBRAIRES

1868

TABLE DES MATIÈRES.

Préface... 3

Vote du Corps législatif sur la loi militaire 5

Vote du Sénat........................... 9

Loi sur le recrutement de l'armée. (Lois du 21 mars 1832 et de 1868 combinées.)....... 11
TITRE Ier : *Dispositions générales*............. 11
TITRE II : *Des appels*........................ 12
TITRE III : *Des engagements et rengagements*... 24
SECTION Ire : Des engagements................ 24
SECTION II : Des rengagements............... 26
TITRE IV : *Dispositions pénales*............... 27
Dispositions particulières....................... 30
Dispositions transitoires : *Exonération et remplacement des jeunes soldats de la classe de 1867*.... 30

Loi sur la dotation de l'armée, les rengagements, remplacements et pensions militaires. (Lois du 26 avril 1855 et du 1er février 1868 combinées.)....... 31
TITRE Ier : *De la dotation de l'armée*......... 31
TITRE II : *De l'exonération du service*......... 32
TITRE III : *Des rengagements*.............. 32
TITRE IV : *Des pensions de retraite des sous-officiers, caporaux ou brigadiers et soldats*.... 33
TITRE V : *Dispositions générales et transitoires*

Loi du 24 juillet 1860 modifiant certains articles de la loi sur la dotation de l'armée, les rengagements, remplacements et pensions militaires 34

Loi du 4 juin 1864 sur les dispenses à accorder aux frères des militaires servant à titre de rengagés ou d'engagés volontaires après libération 34

Loi sur la garde nationale mobile 35

SECTION Ire : *De sa composition. — De son objet. — De la durée du service* 35

SECTION II : *De l'organisation de la garde nationale mobile. — De son instruction. — Des peines disciplinaires* 38

SECTION III : *De la mise en activité* 41

SECTION IV : *Dispositions transitoires. — Effets de la loi sur les conscrits des classes de 1866, 1865 et 1864* 42

Demandes et réponses 44

PRÉFACE.

La nouvelle loi militaire a pour effet :

1° De *modifier* les lois du 21 mars 1832 sur le recrutement de l'armée, et du 26 avril 1855 sur la dotation de l'armée, le rengagement, le remplacement et les pensions militaires ;

2° D'*abroger* les lois du 24 juillet 1860 sur les rengagements et remplacements, et du 4 juin 1864 sur les dispenses à accorder aux frères des militaires servant à titre de rengagés ou d'engagés volontaires après libération ;

3° De *créer* une législation sur la garde nationale mobile.

Telle qu'elle a été envoyée aux Chambres, elle se divisait en deux parties : la première relative aux modifications et abrogations des lois militaires préexistantes ; la seconde relative à la garde nationale mobile.

Pour faire le plus de clarté possible dans le travail qu'on va lire, voici le plan que nous avons suivi :

La loi de 1832 combinée avec celle de 1868 est d'abord reproduite tout au long, et les dispositions nouvelles sont inscrites *en lettres italiques,* de manière à ressortir à première vue. Chacune de ces dispositions est accompagnée d'une note qui indique si elle est une addition ou un changement, et, dans ce dernier cas, de quelle nature est le changement.

Viennent ensuite les articles maintenus de la loi sur la dotation de l'armée, et le titre des deux lois abrogées.

Enfin la loi sur la garde nationale mobile est codifiée, et toutes les dispositions des anciennes lois qu'elle remet en vigueur, notamment celles qui indiquent les peines applicables, sont rapportées en note.

D'une façon générale, les lois militaires que nous citons ne renvoient à aucun article des codes ordinaires ou des lois spéciales, que nous n'expliquions le sens du renvoi.

Ainsi, ces lois sont réunies ici en une sorte de code complet, qui dispensera de faire ailleurs aucune recherche, d'être arrêté par aucune énigme.

Dans un appendice, sous forme de demandes et réponses familières, nous reprenons les points principaux de la loi, nous prévoyons les questions pratiques qui peuvent être posées, nous cherchons à éclaircir toutes les obscurités, à déterminer l'exacte condition de nos futurs conscrits et de ceux des classes de 1866, 1865, 1864.

Quand le lecteur aura réussi à bien voir, il lui sera facile de savoir que penser.

Avec les lois il a paru juste de publier les noms de ceux qui les ont faites. Nous donnons donc le résultat détaillé des votes du Corps législatif et du Sénat.

LE VOTE DE LA LOI.

L'ensemble de la nouvelle loi militaire a été voté le 14 janvier 1868 par le Corps législatif. Voici les résultats du scrutin :

Nombre des votants................ 259
Majorité absolue 130

Pour l'adoption...... 199
Contre 60

MM.
Abbatucci (Séverin).
Albuféra (le duc d').
André (de la Charente).
André (du Gard).
Andrieu.
Arman.
Ayguesvives (le comte d').
Aymé.
Balay (Francisque).
Barbet.
Bartholoni.
Beauchamp (de).
Beauvau (Marc) [le p^{ce} de].
Beauverger (le baron de).
Belliard.
Belmontet.
Benoist (le baron de).
Berger.
Bertrand.
Bodin.
Boigne (le comte de).
Bois-Viel.
Boucaumont.
Bouchetal-Laroche.
Boudet (le comte).
Bourlon.
Bournat.

MM.
Boutelier.
Buquet (le baron).
Bussierre (le baron de).
Busson-Billault.
Caffarelli (le comte).
Calvet-Rogniat.
Campaigno (le marquis de).
Caruel de St-Martin (le b^{on}).
Cazelles.
Chadenet.
Chagot.
Champagny (J.-P.) [le comte de].
Champagny (Napoléon) [le comte de].
Charlemagne.
Chasot (de).
Chauchard.
Chesnelong.
Chevandier de Valdrôme.
Christophle.
Cœhorn (le baron de).
Colbert-Chabannais (le marquis de).
Conegliano (le marquis de).
Conseil.
Corberon (le baron de).

MM.

Corneille.
Cornudet (le vicomte de).
Cosserat.
Couëdic (le comte du).
Coulaux (du Bas-Rhin).
Creuzet.
Curé.
Daguilhon-Pujol.
Dalmas (de).
Dambry.
Darblay jeune.
Darracq.
Dautheville (le général).
David (Ferdinand).
David (le baron).
Dechastelus.
Dein.
Delamarre (de la Creuse).
Delavau.
Delebecque.
Deltheil.
Descours (Laurent).
Desmaroux de Gaulmin.
Dessaignes.
Didier.
Dollfus (Camille).
Douesnel.
Du Miral.
Duplan.
Dupont (Paul).
Eschasseriaux (le baron).
Etcheverry.
Fabre.
Fay de la Tour-Maubourg
   (le marquis de).
Fleury (Anselme).
Fouquet.
Fourment (le baron de).
Fremy.
Gavini.
Geiger (le baron de).
Girod (de l'Ain).
Girou de Buzareingues.
Gorrec (le).

MM.

Granier de Cassagnac.
Gressier.
Gros (Aimé).
Grouchy (le vicomte de).
Guillaumin.
Guilloutet (de).
Guistière (de la).
Hamoir.
Havrincourt (le marquis d')
Hébert.
Hennocque (le colonel)
Janvier de la Motte (le c.te).
Jaucourt (le comte de).
Joliot.
Jourdain.
Jubinal (Achille).
Kercado.
Kervéguen (le vicomte de).
Ladoucette (le baron de).
Lafond de St-Mur (le baron).
Larrabure.
Las-Cases (le comte de)
Lasnonier.
La Tour (le comte de).
Laugier de Chartrouse (le
   baron).
Le Comte (Eugène) [Yonne]
Lédier.
Lefébure.
Le Hon (Léopold) [le comte]
Le Mélorel de la Haichois.
Le Peletier d'Aunay (le c.te).
Leret-d'Aubigny.
Le Roux (Alfred).
Le Roux (Charles.)
Lescuyer-d'Attainville.
Liégeard (Stéphen).
Lubonis.
Luzy-Pellissac (le général
   marquis de).
Mackau (le baron de).
Mame.
Marey-Monge.
Mathieu.

MM.
Mége.
Mercier (le baron).
Meslin (le général).
Millet.
Millon.
Montagnac (de).
Montjoyeux (de).
Murat (le comte Joachim).
Nesle (le marquis de).
Nogent Saint-Laurens.
Noualhier.
Noubel (Henri).
Pamard.
Paulmier.
Pereire (Emile).
Pereire (Eugène).
Pereire (Isaac).
Perras.
Perrier.
Petit (Guillaume).
Peyrusse.
Piccioni.
Pierres (le baron de).
Piette.
Pinart.
Piré de Rosnyvinen (le marquis de).
Pissard.
Plancy (le baron de).
Plancy (le vicomte de).
Poëze (le comte de la).
Pouyer-Quertier.
Quesné.

Quinemont (le marquis de).
Reille (Gustave) [le v^{te}].
Reinach (le baron de).
Richemont (le vicomte de).
Rochemure (le comte de).
Rolle.
Romeuf (le baron de).
Roques-Salvaza
Roulleaux-Dugage.
Roy de Loulay.
Royer.
Sainte-Hermine (le marquis de).
Saint-Germain (de).
Segris.
Sénéca.
Seydoux.
Sibuet (le baron).
Simon (Joseph).
Soubeyran (de).
Talabot.
Talhouët (le marquis de).
Tarente (le duc de).
Terme.
Torcy (le marquis de).
Tourrette (le marquis de la).
Travot (le baron).
Vast-Vimeux (le baron).
Veauce (le baron de).
Welles de La Valette (le comte).
Werlé.
West.

ONT VOTÉ CONTRE :

MM.
Ancel.
Andelarre (le marquis d').
Arjuzon (le comte d').
Barrillon.
Berryer.
Bethmont.
Brame.

Buffet.
Carnot
Chambrun (le comte de).
Chevalier (Auguste).
Clary (le vicomte).
Darimon.
Dorian.

MM.
Drouot (le vicomte).
Favre (Jules).
Fould (Edouard).
Garnier-Pagès.
Gellibert des Seguins.
Girot-Pouzol.
Glais-Bizoin.
Goerg.
Gorsse (le général baron).
Grammont (le marquis de).
Guéroult.
Haentjens.
Hallez-Claparède (le comte).
Havin.
Hénon.
Janzé (le baron de).
Javal (Léopold).
Kolb-Bernard.
Lacroix-Saint-Pierre.
Lagrange (Frédéric) [le comte de].
Lambrecht.
Lanjuinais (le vicomte).
Latour-Dumoulin.

MM.
Lebreton (le général).
Le Clerc d'Osmonville.
Lespérut (le baron).
Louvet.
Magnin.
Malézieux.
Marie.
Marmier (le duc de).
Martel.
Morin.
Ollivier (Emile).
Pelletan.
Picard (Ernest).
Piéron-Leroy.
Planat.
Plichon.
Rambourg (le vicomte de).
Reguis (le colonel).
Richard (Maurice).
Riondel.
Simon (Jules).
Thiers.
Tillancourt (de).

N'ONT PAS PRIS PART AU VOTE :

MM.
Barbantane (le comte de).
Bérard.
Choiseuil (de).

MM.
Parieu (de).
Saint-Paul (de).
Schneider.

ABSENTS PAR CONGÉ :

MM.
Bravay.
Brohyer de Littinière.
Dalloz (Edouard).
Flocard de Mépieu.
Fould (Adolphe).
Garnier.
Josseau.

MM.
Masséna (duc de Rivoli).
Pagézy.
Sens.
Stiévenart-Béthune.
Taillefer.
Thoinnet de la Turmelière.
Toulongeon (le comte de)

Le vote du Sénat a eu lieu le 28 janvier. En voici les résultats :

Nombre des votants................ 126
Pour l'adoption.......... 125
Contre 1

ONT VOTÉ POUR :

MM.
Audiffret (le marquis d').
Barral (le vicomte de).
Barrot (Adolphe).
Barrot (Ferdinand).
Béarn (le comte de).
Béhic.
Belbeuf (le premier président marquis de).
Blondel.
Boinvilliers.
Boittelle.
Bonjean (le président).
Bonnechose (le cardinal comte de).
Boudet.
Bouët-Willaumez (le vice-amiral comte).
Boulay de la Meurthe (le comte).
Bourqueney (le comte de).
Brenier (le baron).
Buttenval (le baron de).
Cambacérès (le duc de).
Camou (le général).
Canrobert (le maréchal).
Carrelet (le général comte).
Casabianca (le procureur général comte de).
Cécille (le vice-amir. comte)
Chabrier (de).
Charner (l'amiral).
Charon (le général baron).
Chasseloup-Laubat (le marquis de).

MM.
Chassiron (le baron de).
Clary (le comte François).
Conneau.
Corta.
Croix (le marquis de).
Darboy (Mgr).
Dariste.
Delamarre (le Cte Achille).
Delangle (le proc^r général).
Devienne (le 1er président).
Drouyn de Lhuys.
Dumas.
Élie de Beaumont.
Flahault (le général c^{te} de).
Germiny (le comte de).
Godelle.
Gouin.
Goulhot de St-Germain (de).
Goyon (le général comte de).
Grange (le marquis de la).
Gricourt (le marquis de).
Grossolles-Flamarens (le comte de).
Gudin (le général comte).
Heeckeren (le baron de).
Hubert-Delisle.
Lacaze.
Ladoucette (le baron de).
La Force (le duc de).
La Guéronnière (le v^{te} de).
La Hitte (le général v^{te} de).
Laity.
Laplace (le général m^{is} de).
Larabit.

MM.
La Riboisière (le comte de).
La Ruë (le général cᵗᵉ de).
La Valette (le marquis de).
Lawœstine (le générˡ mⁱˢ de)
Lebrun.
Lefebvre-Duruflé.
Le Marois (le comte).
Le Play.
Leroy (le baron Ernest).
Le Roy de Saint-Arnaud.
Lesseps (le comte de).
Le Verrier.
Lisle de Siry (le mⁱˢ de).
Magne.
Mallet.
Marnas (de).
Maupas (de).
Mellinet (le général).
Mentque (de).
Mésonan (de).
Mimerel de Roubaix (le cᵗᵉ).
Mollard (le général).
Monier de la Sizeranne (le comte).
Montebello (le duc de).
Montebello (le général cᵗᵉ de).
Montréal (le général de).
Moskowa (le général prince de la).
Murat (S. A. le prince).
Niel (le maréchal).
Nieuwerkerke (le comte de).
Nisard.
Padoue (le duc de).
Poniatowski (le prince).

MM.
Quentin Bauchart.
Randon (le maréchal cᵗᵉ).
Regnaud de St-Jean-d'Angély (le maréchal comte).
Renault (le général baron).
Réveil.
Richemont (le bᵒⁿ Paul de).
Rigault de Genouilly (l'amiral).
Roguet (le général comte).
Rouher.
Rouland.
Royer (le 1ᵉʳ président de).
Salignac-Fénelon (le cᵗᵉ de).
Saulcy (de).
Schramm (le général cᵗᵉ de).
Ségur-d'Aguesseau (le cᵗᵉ de).
Silvestre de Sacy.
Siméon (le comte).
Suin.
Tascher la Pagerie (le duc de).
Thiry (le général).
Tréhouart (le vice-amiral).
Trévise (le duc de).
Troplong (le 1ᵉʳ président).
Vaillant (le maréchal).
Vicence (le duc de).
Vincent (le baron de).
Vinoy (le général).
Vuillefroy (de).
Wagram (le prince de).
Waldner de Freundstein (le général comte).
Walewski (le comte).

A VOTÉ CONTRE :

M. Michel Chevalier.

LOI SUR LE RECRUTEMENT DE L'ARMÉE.

Lois du 21 mars 1832 et du 1ᵉʳ février 1868 combinées.

Nota. — Tout le texte imprimé en lettres ordinaires appartient à la loi de 1832. — Tout le texte imprimé en *lettres italiques* appartient à la loi de 1868.

TITRE PREMIER.

DISPOSITIONS GÉNÉRALES.

Art. 1ᵉʳ. L'armée se recrute par des appels et des engagements volontaires, conformément aux règles prescrites ci-après, titres II et III.

Art. 2. Nul ne sera admis à servir dans les troupes françaises s'il n'est Français. — Tout individu né en France de parents étrangers sera soumis aux obligations imposées par la présente loi immédiatement après qu'il aura été admis à jouir du bénéfice de l'article 9 du Code civil (¹).

(¹) C'est à dire après qu'il aura réclamé et obtenu la qualité de Français.

— Sont exclus du service militaire, et ne pourront, à ce titre, servir dans l'armée : — 1º les individus qui ont été condamnés à une peine afflictive ou infamante ; — 2º ceux condamnés à une peine correctionnelle de deux ans d'emprisonnement et au-dessus, et qui, en outre, ont été placés par le jugement de condamnation sous la surveillance de la haute police, et interdits des droits civiques, civils et de famille.

ART. 3. L'armée se compose, dans les proportions qui résultent des lois annuelles de finances et du contingent : — 1º de l'effectif entretenu sous les drapeaux ; — 2º des hommes qui sont laissés ou envoyés en congé dans leurs foyers.

TITRE II.

DES APPELS.

ART. 4. Le tableau de la répartition entre les départements du nombre d'hommes à fournir en vertu de la loi annuelle du contingent pour les troupes de terre et de mer, sera annexé à la présente loi. — *Les premiers numéros sortis au tirage au sort déterminé par l'article suivant formeront le contingent des troupes de mer* (¹). — Le mode de cette répartition sera fixé par la même loi.

ART. 5. Le contingent assigné à chaque canton sera fourni par un tirage au sort entre les jeunes Français qui auront leur domicile légal dans le canton, et qui auront atteint l'âge de vingt ans révolus dans le courant de l'année précédente.

ART. 6. Seront considérés comme légalement domiciliés dans le canton : — 1º les jeunes gens

(¹) Paragraphe nouveau.

même émancipés, engagés, établis au dehors, expatriés, absents ou détenus, si d'ailleurs leurs père, mère ou tuteur ont leur domicile dans une des communes du canton, ou s'ils sont fils d'un père expatrié qui avait son dernier domicile dans une desdites communes; — 2° les jeunes gens mariés dont le père, ou la mère à défaut de père, sont domiciliés dans le canton, à moins qu'ils ne justifient de leur domicile réel dans un autre canton; — 3° les jeunes gens mariés et domiciliés dans le canton, alors même que leur père ou leur mère n'y seraient pas domiciliés; — 4° les jeunes gens nés et résidant dans le canton qui n'auraient ni leur père, ni leur mère, ni tuteur; — 5° les jeunes gens résidant dans le canton qui ne seraient dans aucun des cas précédents, et qui ne justifieraient pas de leur inscription dans un autre canton.

Art. 7. Seront, d'après la notoriété publique, considérés comme ayant l'âge requis pour le tirage, les jeunes gens qui ne pourront produire ou n'auront pas produit avant le tirage un extrait des registres de l'état-civil constatant un âge différent, ou qui, à défaut de registres, ne pourront prouver ou n'auront pas prouvé leur âge conformément à l'article 46 du Code civil (¹). Ils courront la chance du numéro qu'ils auront obtenu.

Art. 8. Les tableaux de recrutement des jeunes gens du canton soumis au tirage d'après les règles précédentes, seront dressés par les maires : — 1° sur la déclaration à laquelle seront tenus les jeunes gens, leurs parents ou tuteurs; — 2° d'office, d'après les registres de l'état-civil et tous les autres documents ou renseignements. — Ils seront ensuite publiés et affichés dans chaque commune et dans les formes prescrites par

(¹) C'est à dire par titres, papiers ou témoins.

les articles 63 et 64 du Code civil (¹). — Un avis
publié dans les mêmes formes indiquera les lieux,
jours et heures où il sera procédé à l'examen
desdits tableaux et à la désignation, par le sort, du
contingent cantonal.

ART. 9. Si dans l'un des tableaux de recensement des années précédentes, des jeunes gens
ont été omis, ils seront inscrits sur le tableau de
l'année qui suivra celle où l'omission aura été
découverte, à moins qu'ils n'aient trente ans accomplis.

ART. 10. Dans les cantons composés de plusieurs communes, l'examen des tableaux de recensement et le tirage au sort auront lieu au
chef-lieu de canton, en séance publique, devant
le sous-préfet assisté des maires du canton. Dans
les communes qui forment un ou plusieurs cantons, le sous-préfet sera assisté du maire et de
ses adjoints. — Le tableau sera lu à haute voix.
Les jeunes gens, leurs parents ou ayants-cause
seront entendus dans leurs observations. Le sous-
préfet statuera après avoir pris l'avis des maires.
Le tableau rectifié, s'il y a lieu, et définitivement
arrêté, sera revêtu de leurs signatures. — Dans
les cantons composés de plusieurs communes,
l'ordre dans lequel elles seront appelées pour le
tirage sera, chaque fois, indiqué par le sort.

ART. 11. Le sous-préfet inscrira en tête de la
liste du tirage les noms des jeunes gens qui se
trouveront dans les cas prévus par le second paragraphe de l'article 38 ci-après. — Les premiers
numéros leur seront attribués de droit ; ces numéros seront en conséquence extraits de l'urne
avant l'opération du tirage.

ART. 12. Avant de commencer l'opération du

(¹) C'est à dire deux fois, à huit jours d'intervalle, un
jour de dimanche, devant la porte de la maison commune.

tirage, le sous-préfet comptera publiquement les numéros déposés dans l'urne, et, après s'être assuré que ce nombre est égal à celui des jeunes gens appelés à concourir, il en fera la déclaration à haute voix. — Aussitôt après, chacun des jeunes gens appelés dans l'ordre du tableau prendra dans l'urne un numéro qui sera immédiatement proclamé et inscrit. Les parents des absents ou, à leur défaut, le maire de leur commune, tireront à leur place. — L'opération du tirage achevée sera définitive; elle ne pourra, sous aucun prétexte, être recommencée, et chacun gardera le numéro qu'il aura tiré. — La liste, par ordre de numéro, sera dressée au fur et à mesure du tirage. Il y sera fait mention des cas et des motifs d'exemption ou de déduction que les jeunes gens ou leurs parents, ou les maires des communes, se proposeront de faire valoir devant le conseil de révision dont il sera parlé ci-après. Le sous-préfet y ajoutera ses observations. — La liste du tirage sera ensuite lue, arrêtée et signée de la même manière que le tableau de recensement, et annexée avec ledit tableau au procès-verbal des opérations. Elle sera publiée et affichée dans chaque commune du canton.

Art. 13. Seront exemptés et remplacés dans l'ordre des numéros subséquents les jeunes gens que leur numéro désignera pour faire partie du contingent, et qui se trouveront dans un des cas suivants, savoir : — 1º ceux qui n'auront pas la taille d'un mètre cinquante-*cinq* centimètres (¹); — 2º ceux que leurs infirmités rendront impropres au service; — 3º l'aîné d'orphelins de père et de mère; — 4º le fils unique ou l'aîné des fils, ou, à défaut de fils ou de gendre, le petit-fils unique ou l'aîné des petits-fils d'une femme ac-

____

(¹) L'ancien article 13 portait : « un mètre cinquante-six centimètres. »

tuellement veuve, ou d'un père aveugle ou entré dans sa soixante et dixième année; — dans les cas prévus par les paragraphes ci-dessus notés 3ᵉ et 4ᵉ, le frère puîné jouira de l'exemption si le frère aîné est aveugle ou atteint de toute autre infirmité incurable qui le rende impotent; — 5° le plus âgé de deux frères appelés à faire partie du même tirage et désignés tous deux par le sort, si le plus jeune est reconnu propre au service; — 6° celui dont un frère sera sous les drapeaux à tout autre titre que pour remplacement; — 7° celui dont un frère sera mort en activité de service, ou aura été réformé ou admis à la retraite pour blessures reçues dans un service commandé, ou infirmités contractées dans les armées de terre et de mer. — L'exemption accordée conformément aux numéros 6 et 7 ci-dessus sera appliquée dans la même famille autant de fois que les mêmes droits s'y reproduiront. — Seront comptés néanmoins en déduction desdites exemptions les exemptions déjà accordées aux frères vivants, en vertu du présent article, à tout autre titre que pour infirmités. — Le jeune homme omis qui ne se sera pas présenté par lui ou ses ayants-cause pour concourir au tirage de la classe à laquelle il appartenait, ne pourra réclamer le bénéfice des exemptions indiquées par les numéros 3, 4, 5, 6 et 7 du présent article, si les causes de ces exemptions ne sont survenues que postérieurement à la clôture des listes du contingent de sa classe. — *Les exemptions prévues par les art. 3, 4, 5, 6 et 7 ci-dessus, devront, pour produire leur effet, exister au jour où le conseil de révision est appelé à statuer. — Celles qui surviendront entre la décision du conseil de révision et le 1ᵉʳ juillet, point de départ de la durée du service de chaque contingent, ne modifieront pas la position légale des jeunes gens désignés pour en faire définitivement partie. — Néanmoins, l'appelé qui, postérieurement, soit à la décision du Conseil de révision, soit au 1ᵉʳ juillet, deviendra l'aîné d'orphelins de père et de mère, le fils unique ou l'aîné des fils, ou à défaut de fils ou de gendre, le petit-fils unique ou l'aîné des petits-fils d'une femme veuve ou d'un père aveugle, sera, sur sa demande, et pour le temps qu'il a encore à servir, assimilé au militaire de la réserve, et ne pourra plus être rappelé qu'en temps de guerre* (¹).

Art. 14. Seront considérés comme ayant satisfait à l'appel et comptés numériquement en déduction du contingent à former, les jeunes gens désignés par leur numéro pour faire partie dudit contingent qui se trouveront dans l'un des cas suivants : 1º ceux qui seraient déjà liés au service dans les armées de terre ou de mer, en vertu d'un engagement volontaire, d'un brevet ou d'une commission, sous la condition qu'ils seront dans tous les cas tenus d'accomplir le temps de service prescrit par la présente loi; — 2º les jeunes marins portés sur les registres matricules de l'inscription maritime, conformément aux règles prescrites par les articles 1, 2, 3, 4 et 5 de la loi du 25 octobre 1795 (3 brumaire an IV), et les charpentiers de navire, perceurs, voiliers et calfats immatriculés conformément à l'article 44 de ladite loi; — 3º les élèves de l'Ecole polytechnique, à condition qu'ils passeront, soit dans ladite école, soit dans les services publics, un temps égal à celui fixé par la présente loi pour le service militaire; — 4º ceux qui, étant membres de l'instruction publique, auraient contracté avant l'époque déterminée pour le tirage au sort, et devant le conseil de l'Université, l'engagement de se vouer à la carrière de l'enseignement; — la même disposition est applicable aux élèves de l'Ecole normale centrale de Paris, à ceux de

(¹) Paragraphes ajoutés.

l'École dite « de jeunes de langue », et aux professeurs des institutions impériales des sourds-muets; — 5º les élèves des grands séminaires régulièrement autorisés à continuer leurs études ecclésiastiques; les jeunes gens autorisés à continuer leurs études pour se vouer au ministère dans les autres cultes salariés par l'Etat, sous la condition, pour les premiers, que s'ils ne sont pas entrés dans les ordres majeurs à vingt-cinq ans accomplis, et pour les seconds, que s'ils n'ont pas reçu la consécration dans l'année qui suivra celle où ils auraient pu la recevoir, ils seront tenus d'accomplir le temps de service prescrit par la présente loi; — 6º les jeunes gens qui auront remporté les grands prix de l'Institut et de l'Université. — Les jeunes gens désignés par leur numéro pour faire partie du contingent cantonal, et qui en auront été déduits conditionnellement, en exécution des numéros 1, 3, 4 et 5 du présent article, lorsqu'ils cesseront de suivre la carrière en vue de laquelle ils auront été comptés en déduction du contingent, seront tenus d'en faire la déclaration au maire de leur commune dans l'année où ils auront cessé leurs services, fonctions ou études, et de retirer expédition de leur déclaration. — Faute par eux de faire cette déclaration et de la soumettre au visa du préfet du département dans le délai d'un mois, ils seront passibles des peines prononcées par le premier paragraphe de l'article 38 de la présente loi. — Ils seront rétablis dans le contingent de leurs classes, sans déduction du temps écoulé depuis la cessation desdits services, fonctions ou études, jusqu'au moment de la déclaration.

Art. 15. Les opérations du recrutement seront revues, les réclamations auxquelles ces opérations auraient pu donner lieu seront entendues, et les causes d'exemption et de déduction seront jugées, en séance publique, par un conseil de révision composé : — du préfet, président, ou, à son défaut, *du secrétaire général* (¹), ou du conseiller de préfecture, délégué par le préfet; — d'un conseiller de préfecture; — d'un membre du Conseil général; — d'un membre du Conseil d'arrondissement, tous trois à la désignation du préfet; — d'un officier général ou supérieur, désigné par l'Empereur. — Un membre de l'intendance militaire assistera aux opérations du Conseil de révision; il sera entendu toutes les fois qu'il le demandera, et pourra faire consigner ses observations aux registres des délibérations. — Le Conseil de révision se transportera dans les divers cantons; toutefois, suivant les localités, le préfet pourra réunir dans le même lieu plusieurs cantons pour les opérations du Conseil. — Le sous-préfet ou le fonctionnaire par lequel il aurait été suppléé pour les opérations du tirage, assistera aux séances que le Conseil de révision tiendra dans l'étendue de son arrondissement. — Il y aura voix consultative.

Art. 16. Les jeunes gens qui, d'après leurs numéros, pourront être appelés à faire partie du contingent, seront convoqués, examinés et entendus par le conseil de révision. — S'ils ne se rendent point à la convocation, ou s'ils ne se font pas représenter, ou s'ils n'obtiennent pas un délai, il sera procédé comme s'ils étaient présents. — Dans les cas d'exemption pour infirmités, les gens de l'art seront consultés. — Les autres cas d'exemption ou de déduction seront jugés sur la production de documents authentiques, ou, à défaut de documents, sur des certificats signés de trois pères de famille domiciliés dans le même canton, dont les fils sont soumis à l'appel ou ont été appelés. Ces certificats de-

(¹) Mots ajoutés.

vront, en outre, être signés et approuvés par le maire de la commune du réclamant.

Art. 17. Le conseil de révision statuera également sur les substitutions de numéros et les demandes de remplacement.

Art. 18. Les substitutions de numéros sur les listes cantonales pourront avoir lieu si celui qui se présente à la place de l'appelé est reconnu propre au service par le conseil de révision.

Art. 19. Les jeunes gens compris définitivement dans le contingent cantonal pourront se faire remplacer. — Le remplacement ne pourra avoir lieu qu'aux conditions suivantes : le remplaçant devra : 1º être libre de tous services et obligations imposés, soit par la présente loi, soit par celle du 25 octobre 1795 sur l'inscription maritime ; — 2º être âgé de vingt à trente ans au plus, ou de vingt à trente cinq s'il a été militaire, ou de dix-sept à trente s'il est frère du remplacé ; — 3º n'être ni marié, ni veuf avec enfants ; — 4º avoir au moins la taille d'un mètre cinquante-*cinq* centimètres, s'il n'a pas déjà servi dans l'armée, et réunir les autres qualités requises pour faire un bon service ; — 5º n'avoir pas été réformé du service militaire ; — 6º suivant sa position être porteur des certificats spécifiés dans les articles 20 et 21 ci-après.

Art. 20. Le remplaçant produira un certificat délivré par le maire de son dernier domicile. Si le remplaçant ne compte pas au moins une année de séjour dans cette commune, il sera tenu d'en produire également un autre, du maire de la commune, ou des maires des communes où il aura été domicilié pendant le cours de cette année. — Les certificats devront contenir le signalement du remplaçant, et attester : 1º la durée du temps pendant lequel il a été domicilié dans la commune ; — 2º qu'il jouit de ses droits civils ; — 3º qu'il n'a jamais été condamné à une peine correctionnelle pour vol, escroquerie, abus de confiance ou attentat aux mœurs. — Dans le cas où le maire de la commune ne connaîtrait pas l'individu qui ferait la demande de ce certificat, il devra en constater légalement l'identité, et recueillir les preuves et témoignages qu'il jugera convenables pour arriver à la connaissance de la vérité.

Art. 21. Si le remplaçant a été militaire, outre le certificat du maire, il devra produire un certificat de bonne conduite du corps dans lequel il aura servi.

Art. 22. Le remplaçant sera admis par le conseil de révision du département dans lequel le remplacé a concouru au tirage.

Art. 23. Le remplacé sera, pour le cas de désertion, responsable de son remplaçant pendant un an, à compter du jour de l'acte passé devant le préfet. Il sera libéré si le remplaçant meurt sous les drapeaux, ou si, en cas de désertion, il est arrêté pendant l'année.

Art. 24. Les actes de substitution et de remplacement seront reçus par le préfet, dans les formes prescrites pour les actes administratifs. Les stipulations particulières qui pourraient avoir lieu entre les contractants, à l'occasion des substitutions et remplacements, seront soumises aux mêmes règles et formalités que tout autre contrat civil.

Art. 25. Hors les cas prévus ci-après, articles 26 et 27, les décisions du conseil de révision seront définitives.

Art. 26. Lorsque les jeunes gens désignés par leur numéro pour faire partie du contingent cantonal auront fait des réclamations dont l'admission ou le rejet dépendra de la décision à intervenir sur des questions judiciaires relatives à leur état ou à leurs droits civils, des jeunes gens en pareil nombre, suivant l'ordre du tirage, seront désignés pour suppléer ces réclamants, s'il y a lieu. Ils ne seront appelés que dans le cas où, par l'effet des décisions judiciaires, les réclamants seraient définitivement libérés. — Ces questions seront jugées contradictoirement avec les préfets, à la requête de la partie la plus diligente. — Les tribunaux statueront sans délai, le ministère public entendu, sauf appel.

Art. 27. La disposition de l'article précédent relative aux jeunes gens appelés conditionnellement, sera également appliquée lorsqu'aux termes de l'article 41 ci-après, des jeunes gens auront été déférés aux tribunaux, comme prévenus de s'être rendus impropres au service, lorsque le conseil de révision aura accordé un délai pour production de pièces justificatives, ou pour cas d'absence, lequel ne pourra excéder vingt jours.

Art. 28. Après que le conseil de révision aura statué sur les exemptions, déductions, substitutions, remplacements, ainsi que sur toutes les réclamations auxquelles les opérations du recrutement auront pu donner lieu, la liste du contingent de chaque canton sera définitivement arrêtée et signée par le conseil de révision, et les noms inscrits seront proclamés. — Les jeunes gens qui, aux termes des articles 26 et 27, sont appelés les uns à défaut des autres, ne seront inscrits sur la liste du contingent que conditionnellement, et sous la réserve de leurs droits. — Le conseil déclarera ensuite que les jeunes gens qui ne sont pas inscrits sur cette liste sont définitivement libérés. Cette déclaration, avec l'indication du dernier numéro compris dans le contingent cantonal, sera publiée et affichée dans chaque commune du canton. — Dès que les délais accordés en vertu de l'article 27 seront expirés, ou que les tribunaux auront statué en exécution des articles 26 et 41, le conseil prononccera de la même manière la libération des réclamants ou des jeunes gens conditionnellement désignés pour les suppléer. — Le conseil de révision ne pourra statuer ultérieurement sur les jeunes gens portés sur les listes du contingent que pour les demandes de substitution et de remplacement. — La réunion de toutes les listes du contingent de chaque canton d'un même département formera la liste du contingent départemental.

ART. 29. Les jeunes gens définitivement appelés, ou ceux qui ont été admis à les remplacer, seront immédiatement répartis entre les corps de l'armée, et inscrits sur les registres matricules des corps pour lesquels ils seront désignés. — Néanmoins ils seront, d'après l'ordre de leurs numéros et les proportions déterminées par les lois annuelles du contingent, divisés en deux classes composées : la première, de ceux qui devront être mis en activité, et la seconde, de ceux qui seront laissés dans leurs foyers. — Les jeunes soldats compris dans la seconde classe ne pourront être mis en activité qu'en vertu d'un décret.

ART. 30. *La durée du service pour les jeunes soldats faisant partie des deux portions du contingent mentionnés dans l'article précédent est de cinq ans, à l'expiration desquels ils passent dans la réserve, où ils servent quatre ans, en demeurant affectés, suivant leur service antérieur, soit à l'armée de terre, soit à l'armée de mer. — La durée du service compte du 1er juillet de l'année du tirage au sort. — Les militaires de la réserve ne peuvent être appelés à l'activité qu'en temps de guerre, par décret de l'Empereur, après épuisement complet des classes précédentes, et par classe, en commençant par la moins ancienne. — Ce rappel pourra être fait d'une manière distincte et indépendante pour la réserve de l'armée de terre et pour celle de l'armée de mer. — Les militaires de la réserve peuvent se marier sans autorisation dans les trois dernières années de leur service dans la réserve. Cette faculté est suspendue par l'effet du rappel à l'activité. — Les hommes mariés de la réserve restent soumis à toutes les obligations du service militaire. — Le 30 juin de chaque année, en temps de paix, les soldats qui auront achevé leur temps de service dans la réserve, recevront leur congé définitif (1).* — Ils le recevront, en temps de guerre, immédiatement après l'arrivée au corps du contingent destiné à les remplacer. — Lorsqu'il y aura lieu d'accorder des congés illimités, ils seront délivrés, dans chaque corps, aux militaires les plus anciens de service effectif sous les drapeaux, et de préférence à ceux qui les demanderont. — Les hommes laissés ou envoyés en congé pourront être soumis à des revues et à des exercices périodiques qui seront fixés par le ministre de la guerre.

TITRE III.

DES ENGAGEMENTS ET RENGAGEMENTS

SECTION Ire. — *Des engagements.*

ART. 31. Il n'y aura dans les troupes françaises ni prime en argent, ni prix quelconque d'engagement.

ART. 32. Tout Français sera reçu à contracter un engagement volontaire aux conditions suivantes : — l'engagé volontaire devra : 1° s'il en-

---

(1) L'ancien article 30 portait : « La durée du service » des jeunes soldats appelés sera de sept ans, qui comp- » teront du 1er janvier de l'année où ils auront été inscrits » sur les registres matricules des corps de l'armée. — Le » 31 décembre de chaque année, en temps de paix, les » soldats qui auront achevé leur temps de service rece- » vront leur congé définitif. — Ils le recevront en temps » de guerre.... » — Le reste comme ci-dessus.

tre dans l'armée de mer, avoir seize ans accomplis, sans être tenu d'avoir la taille prescrite par la loi, mais sous la condition qu'à l'âge de 18 ans il ne pourra être reçu s'il n'a pas cette taille; — 2° s'il entre dans l'armée de terre, avoir 17 ans accomplis (¹), et au moins la taille de un mètre cinquante-*cinq* centimètres; — 3° jouir de ses droits civils; — 4° n'être ni marié, ni veuf avec enfants; — 5° être porteur d'un certificat de bonnes vie et mœurs, délivré dans les formes prescrites par l'article 20, et, s'il a moins de vingt ans, justifier du consentement de ses père, mère ou tuteur. Ce dernier devra être autorisé par une délibération du conseil de famille. — Les conditions relatives, soit à l'aptitude militaire, soit à l'admissibilité dans les différents corps de l'armée, seront déterminées par des décrets insérés au *Bulletin des lois.*

ART. 33. *La durée de l'engagement volontaire sera de deux ans au moins. — L'engagement volontaire ne donnera lieu à l'exemption prononcée par le numéro 6 de l'article 13 de la présente loi qu'autant qu'il aura été contracté pour une durée de neuf ans* (²). — Dans aucun cas, les engagés volontaires ne pourront être envoyés en congé sans leur consentement.

ART. 34. Les engagements volontaires seront

(¹) La loi de 1832 exigeait *dix-huit ans*. Un décret du 10 juillet 1848 encore en vigueur a permis l'engagement à dix-sept ans.

(²) L'ancien article 33 portait : « La durée de l'engagement volontaire sera de sept ans. — En cas de guerre, » tout Français qui n'appartient à aucun contingent, et » qui a satisfait à la loi du recrutement, pourra être admis à contracter un engagement volontaire de deux » ans. Ces engagements ne donneront pas lieu aux exemptions prononcées par les nᵒˢ 6 et 7 de l'article 13 de la » présente loi. — Dans aucun cas... » — Le reste comme ci-dessus.

contractés dans les formes prescrites par les articles 34, 35, 36, 37, 38, 39, 40, 42 et 44 du Code civil (¹), devant les maires des chefs-lieux de canton. — Les conditions relatives à la durée des engagements seront insérées dans l'acte même. Les autres conditions seront lues aux contractants avant la signature, et mention en sera faite à la fin de l'acte; le tout sous peine de nullité.

Art. 35. L'état sommaire des engagements volontaires de l'année précédente sera communiqué aux Chambres lors de la présentation de la loi du contingent annuel.

Section II. — Des rengagements.

Art. 36. Les rengagements pourront être reçus même pour deux ans, et ne pourront excéder la durée de cinq ans. — *Les rengagements ne pourront être reçus que pendant le cours de la dernière année de service sous les drapeaux, ou de l'année qui précédera l'époque de la libération définitive. — Après cinq ans de service sous les drapeaux, ils donneront droit à une haute paie* (²). Les autres conditions seront déterminées par des décrets insérés au *Bulletin des lois.*

Art. 37. Les rengagements seront contractés devant les intendants ou sous-intendants militaires dans les formes prescrites par l'article 34, sur la preuve que le contractant peut rester ou être admis dans le corps pour lequel il se présente.

(¹) C'est à dire dans la forme authentique, avec les formalités d'usage.

(²) L'ancien article 36 portait : « Les rengagements ne » pourront être reçus que pendant le cours de la dernière » année de service due par le contractant. A l'expiration » de cette année, ils donneront droit à une haute paie. » — Le reste, comme ci-dessus.

TITRE IV.

DISPOSITIONS PÉNALES.

ART. 38. Toutes fraudes ou manœuvres par suite desquelles un jeune homme aura été omis sur les tableaux de recensement seront déférées aux tribunaux ordinaires, et punies d'un emprisonnement d'un mois à un an. — Le jeune homme omis, s'il a été condamné comme auteur ou complice desdites fraudes ou manœuvres, sera, à l'expiration de sa peine, inscrit sur la liste du tirage, ainsi que le prescrit l'article 11.

ART. 39. Tout jeune soldat qui aura reçu un ordre de route, et ne sera point arrivé à sa destination au jour fixé par cet ordre, sera, après un mois de délai et hors le cas de force majeure, puni, comme insoumis, d'un emprisonnement qui ne pourra être moindre d'un mois et excéder une année. — L'insoumis sera jugé par le conseil de guerre de la division militaire dans laquelle il aura été arrêté. — Le temps pendant lequel le jeune soldat aura été insoumis ne comptera pas en déduction des années de service exigées.

ART. 40. Quiconque sera reconnu coupable d'avoir recélé, ou d'avoir pris à son service un insoumis, sera puni d'un emprisonnement qui ne pourra excéder six mois. Selon la circonstance, la peine pourra être réduite à une amende de vingt à deux cents francs. — Quiconque sera convaincu d'avoir favorisé l'évasion d'un insoumis sera puni d'un emprisonnement d'un mois à un an. — La même peine sera prononcée contre ceux qui, par des manœuvres coupables, auraient empêché ou retardé le départ des jeunes soldats. — Si le délinquant est fonctionnaire public, employé du gouvernement ou ministre d'un culte salarié par l'Etat, la peine pourra être portée jusqu'à deux années d'emprisonnement, et il sera, en outre, condamné à une amende qui ne pourra excéder deux mille francs.

ART. 41. Les jeunes gens appelés à faire partie du contingent de la classe, qui seront prévenus de s'être rendus impropres au service militaire, soit temporairement, soit d'une manière permanente, dans le but de se soustraire aux obligations imposées par la présente loi, seront déférés aux tribunaux par les conseils de révision, et, s'ils sont reconnus coupables, ils seront punis d'un emprisonnement d'un mois à un an. — Seront également déférés aux tribunaux, et punis de la même peine, les jeunes soldats qui, dans l'intervalle de la clôture du contingent de leur canton à leur mise en activité, se seront rendus coupables du même délit. — A l'expiration de leur peine, les uns et les autres seront à la disposition du ministre de la guerre pour le temps que doit à l'Etat la classe dont ils font partie. — La peine portée au présent article sera prononcée contre les complices, si les complices sont des médecins, chirurgiens, officiers de santé ou pharmaciens ; la durée de l'emprisonnement sera de deux mois à deux ans, indépendamment d'une amende de deux cents francs à mille francs qui pourra être prononcée, et sans préjudice de peines plus graves, dans les cas prévus par le Code pénal.

ART. 42. Ne comptera pas pour les années de service exigées par la présente loi le temps passé dans l'état de détention en vertu d'un jugement.

ART. 43. Toute substitution, tout remplacement effectué, soit en contravention des dispositions de la présente loi, soit au moyen de pièces fausses ou de manœuvres frauduleuses, seront déférés aux tribunaux, et, sur le jugement qui prononcerait la nullité de l'acte de substitution ou

de remplacement, l'appelé sera tenu de rejoindre
son corps ou de fournir un remplaçant dans le
délai d'un mois, à dater de la notification de ce
jugement. — Quiconque aura sciemment concouru à la substitution ou au remplacement frau-
duleux comme auteur ou complice, sera puni
d'un emprisonnement de trois mois à deux ans,
sans préjudice de peines plus graves en cas de
faux.

ART. 44. Tout fonctionnaire ou officier public,
civil ou militaire, qui, sous quelque prétexte que
ce soit, aura autorisé, admis des exemptions,
déductions ou exclusions autres que celles déterminées par la présente loi, ou qui aura
donné arbitrairement une extension quelconque
soit à la durée, soit aux règles ou aux conditions
des appels, des engagements ou des rengagements, sera coupable d'abus d'autorité et puni
des peines portées dans l'article 185 du Code pénal (¹), sans préjudice des peines plus graves
prononcées par ce Code dans les autres cas qu'il a
prévus.

ART. 45. Les médecins, chirurgiens ou officiers
de santé qui, appelés au conseil de révision à
l'effet de donner leur avis conformément à l'article 16, auront reçu des dons ou agréé des promesses pour être favorables aux jeunes gens
qu'ils doivent examiner, seront punis d'un emprisonnement de deux mois à deux ans. — Cette
peine leur sera appliquée soit qu'au moment des
dons ou promesses ils aient déjà été désignés
pour assister au conseil, soit que les dons ou
promesses aient été agréés dans la prévoyance
des fonctions qu'ils auront à y remplir. — Il leur
est défendu, sous la même peine, de rien recevoir, même pour une réforme justement prononcée.

(¹) C'est à dire amende de 200 à 500 fr., et interdiction
de l'exercice des fonctions publiques de cinq à vingt ans.

Art. 46. Dans tous les cas non prévus par les dispositions précédentes, les tribunaux civils et militaires, dans les limites de leur compétence, appliqueront les lois pénales ordinaires aux délits auxquels pourra donner lieu l'exécution du mode de recrutement déterminé par la présente loi. — Pour les délits militaires, les juges pourront user de la faculté énoncée en l'article 595 du Code d'instruction criminelle (¹). — Dans tous les cas où la peine de l'emprisonnement est prononcée par la présente loi, les juges pourront, suivant les circonstances, user de la faculté exprimée dans l'article 463 du Code pénal (²).

DISPOSITIONS PARTICULIÈRES.

Art. 47. Les jeunes gens appelés au service en exécution de la présente loi recevront, dans le corps auquel ils seront attachés, et autant que le service militaire le permettra, l'instruction prescrite pour les écoles primaires.

Art. 48. Nul ne sera admis, avant l'âge de 30 ans accomplis, à un emploi civil ou militaire, s'il ne justifie qu'il a satisfait aux obligations imposées par la présente loi.

DISPOSITIONS TRANSITOIRES.

Art. 49. *Les jeunes gens compris dans le contingent de la classe de 1867 jouiront simultanément du droit de se faire remplacer ou exonérer. — Le nombre des exonérations ne pourra dépasser le nombre des rengagements et des engagements après libération qui auront été contractés avant le 1er avril 1868. — Le nombre des exonérations sera réparti par canton,*

(¹) C'est à dire recommander le condamné à la clémence du chef de l'État.

(²) C'est à dire reconnaître des circonstances atténuantes et abaisser la peine.

*par un arrêté du ministre de la guerre, proportion-
nellement à celui des exonérations prononcées en 1867
dans le même canton. — Les exonérations seront prononcées suivant l'ordre des numéros des tirages, en
commençant par les derniers* (¹).

LOI SUR LA DOTATION DE L'ARMÉE,

les rengagements, remplacements et pensions militaires.

Lois du 26 avril 1855 et du 1ᵉʳ février 1868 combinées.

TITRE Iᵉʳ.

DE LA DOTATION DE L'ARMÉE.

Aʀᴛ. 1ᵉʳ. Une dotation est créée, dans l'intérêt
de l'armée, sous la surveillance et la garantie de
l'État. — La dotation de l'armée est formée par
les prestations en argent que détermine la présente loi. — Elle peut recevoir des dons et legs.
— La caisse de dotation reçoit, à titre de dépôt,
les versements volontaires qui lui sont faits par

(¹) La loi nouvelle supprimant l'exonération, c'est à
dire le droit de s'exempter du service en payant une
prime à l'État, et rétablissant le remplacement, c'est à
dire le droit de s'exempter du service en mettant quel-
qu'un à sa place, a dû prévoir que cette année, les compagnies de remplacement n'étant pas encore réorganisées,
les jeunes soldats de 1868 qui voudraient, comme on dit,
acheter un homme, pourraient être embarrassés d'en
trouver. C'est pourquoi, afin de ménager la transition,
elle leur a laissé, dans une certaine mesure, la faculté de
s'exonérer.

les militaires de tout grade dans le cours de leur service. — Elle est gérée par l'administration de la Caisse des dépôts et consignations, et constitue un service spécial, dont le budget et les comptes sont annexés à ceux du ministère de la guerre.

ART. 2. La dotation de l'armée pourvoit au paiement des allocations établies par la présente loi, et aux dépenses prévues par l'article 20.

ART. 3. Les excédants disponibles sur les recettes faites par la caisse de dotation sont successivement employés en achat de rentes sur l'État. — Ces rentes sont inscrites au nom de la dotation de l'armée.

ART. 4. Une commission supérieure, composée de quinze membres nommés par l'Empereur, et dont les fonctions sont gratuites, surveille et contrôle toutes les opérations relatives à la dotation de l'armée. — Cette commission comprend au moins trois membres du Sénat et trois députés au Corps législatif. — Elle présente chaque année à l'Empereur un rapport sur la situation générale de la dotation.

TITRE II.

DE L'EXONÉRATION DU SERVICE.

(Abrogé par la loi du 1er février 1868, qui a remis en vigueur les articles 17, 18, 19, 20, 21, 22, 23, 24, 28 et 29 plus haut cités de la loi du 21 mars 1832.)

TITRE III.

DES RENGAGEMENTS.

(Abrogé par la loi du 1er février 1868, qui a remis en vigueur le titre III, modifié et plus haut cité, de la loi du 21 mars 1832.)

TITRE IV.

DES PENSIONS DE RETRAITE DES SOUS-OFFICIERS, CAPORAUX OU BRIGADIERS ET SOLDATS.

Art. 19. Le maximum et le minimum de la pension de retraite fixés par la loi du 11 avril 1831, sont augmentés de cent soixante-cinq francs pour les sous-officiers, caporaux, brigadiers et soldats [1]. — Le droit à la pension de retraite par ancienneté est acquis à ces militaires à vingt-cinq ans accomplis de service effectif. — Toutes les autres dispositions de la loi du 11 avril 1831 sont maintenues [2].

Art. 20. Le surcroît de dépenses résultant de l'exécution de l'article précédent est prélevé sur l'actif de la dotation de l'armée, mais seulement en ce qui concerne les pensions des militaires des corps qui se recrutent par la voie des appels.

TITRE V.

DISPOSITIONS GÉNÉRALES ET TRANSITOIRES.

(Abrogé par la loi du 1er février 1868.)

[1] Par l'effet de cette disposition, le chiffre des pensions a été porté pour le soldat au minimum de 365 fr., au maximum de 530 fr.; — pour le caporal, au minimum de 385 fr., au maximum de 565 fr.; — pour le sergent, au minimum de 415 fr., au maximum de 615 fr.; — pour le sergent-major, au minimum de 465 fr., au maximum de 665 fr.; — pour l'adjudant sous-officier, au minimum de 565 fr., au maximum de 765 fr. — Le maximum n'est acquis que par l'amputation de deux membres ou la cécité complète.

[2] La seule disposition modifiée de la loi du 11 avril 1831 sur les pensions militaires, est donc celle qui exigeait trente ans de service pour droit à la retraite. Actuellement, vingt-cinq ans suffisent.

LOI DU 24 JUILLET 1860

Qui modifie certains articles de la loi du 26 avril 1855, relative à la création d'une dotation de l'armée, au rengagement, au remplacement et aux pensions militaires.

(Abrogée par la loi du 1er février 1868.)

LOI DU 4 JUIN 1864

Sur les dispenses à accorder aux frères des militaires servant à titre de rengagés ou d'engagés volontaires après libération.

(Abrogée par la loi du 1er février 1868.)

LOI SUR LA GARDE NATIONALE MOBILE

(1" février 1868)

SECTION Ire.

DE SA COMPOSITION. — DE SON OBJET. — DE LA DURÉE
DU SERVICE.

ART. 1er (1). Une garde nationale mobile sera
constituée à l'effet de concourir, comme auxi-
liaire de l'armée active, à la défense des places
fortes, des côtes et frontières de l'Empire, et au
maintien de l'ordre dans l'intérieur. — Elle ne
peut être appelée à l'activité que par une loi spé-
ciale. — Toutefois, les habitants qui la composent peuvent être réunis au chef-lieu ou sur un
point quelconque de leur département, par un
décret de l'Empereur, dans les vingt jours précé-
dant la présentation de la loi de mise en activité.

(1) Dans la loi récemment votée par les Chambres, ce
qui concerne la garde nationale mobile était placé sous
la dénomination de titre II, le titre Ier étant consacré à
l'armée. Et comme ce titre Ier comptait deux articles,
l'un qui intercalait les dispositions nouvelles dans la loi
du 21 mars 1832, l'autre qui indiquait les modifications
faites aux lois de 1855, 1860 et 1864, le premier article
concernant la garde mobile venait sous le n° 3. Mais, pour
codifier la loi, il nous a paru naturel de commencer à
noter les articles par le n° 1. Le lecteur, averti, pourra
rendre à chacun des dix premiers articles le chiffre qu'il
avait lors de la discussion des Chambres, en ajoutant 2 à
celui que nous donnons. De 11 à 14, on ajoutera 3, parce
que nous avons reporté à sa place une disposition transi-
toire inscrite sous le n° 13, et s'appliquant à l'exonération
de la classe 1867 pour l'armée active.

— Dans ce cas, le ministre de la guerre pourvoit au logement et à la nourriture des officiers, sous-officiers, caporaux et soldats.

Art. 2. La garde nationale mobile se compose : 1° des jeunes gens des classes des années 1867 et suivantes qui n'ont pas été compris dans le contingent en raison de leur numéro de tirage; — 2° de ceux des mêmes classes auxquels il a été fait application des cas d'exemption prévus par les numéros 3, 4, 5, 6 et 7 de l'article 13 de la loi du 21 mars 1832; — 3° de ceux des mêmes classes qui se sont fait remplacer dans l'armée. — Peuvent également être admis dans la garde nationale mobile ceux qui, libérés du service militaire ou de la garde nationale mobile, demandent à en faire partie. — Les substitutions sont autorisées dans la famille jusqu'au sixième degré inclusivement; le substitué doit être âgé de moins de quarante ans et remplir les autres conditions prévues par la loi de 1832. — Les conseils de révision exemptent du service de la garde nationale mobile les jeunes gens compris sous les paragraphes 1 et 2 de l'article 13 de la loi de 1832. — Les conseils de révision dispensent du service dans la garde nationale mobile : — 1° ceux auxquels leurs fonctions confèrent le droit de requérir la force publique; — 2° les ouvriers des établissements de la marine impériale et ceux des arsenaux et manufactures d'armes de l'État dont les services ouvrent des droits à la pension de retraite; — 3° les préposés du service actif des douanes et des contributions indirectes; — 4° les facteurs de la poste aux lettres; — 5° les mécaniciens de locomotives sur les chemins de fer. — Les conseils de révision dispensent également les jeunes gens se trouvant dans l'un des cas de dispenses prévus par l'article 14 de la loi de 1832, par l'article 79 de la loi du 15 mars 1850, et par l'article 18 de la loi du

10 avril 1867 (¹), les jeunes gens qui auront contracté avant le tirage au sort l'engagement de rester dix ans dans l'enseignement primaire, et qui seront attachés, soit en qualité d'instituteur ou en qualité d'instituteur-adjoint, à une école libre existant depuis au moins deux ans et ayant au moins trente élèves. — La dispense ne peut s'appliquer aux instituteurs et aux instituteurs-adjoints d'une même école que dans la proportion d'une par chaque fraction de trente élèves. — Les conseils de révision dispenseront également, à titre de soutiens de famille, et jusqu'à concurrence de dix pour cent, ceux qui auront le plus de titres à la dispense. — Sont exclus de la garde nationale mobile les individus désignés aux nᵒˢ 1 et 2 de l'article 2 de la loi du 21 mars 1832.

Art. 3. La durée du service dans la garde nationale mobile est de cinq ans. — Elle compte du 1ᵉʳ juillet de l'année du tirage au sort.

Art. 4. Les jeunes gens de la garde nationale mobile continuent à jouir de tous les droits du citoyen. Ils peuvent contracter mariage sans autorisation, à quelque période que ce soit de leur

(¹) C'est à dire, article 79 de la loi de 1850 : « Les instituteurs adjoints des écoles publiques, les jeunes gens qui se préparent à l'enseignement primaire public dans les écoles désignées à cet effet, les membres ou novices des associations religieuses vouées à l'enseignement et autorisées par la loi, ou reconnues comme établissement d'utilité publique ; les élèves de l'École normale supérieure, les maîtres d'études, régents et professeurs des colléges et lycées, qui ont, avant l'époque fixée pour le tirage, contracté, devant le recteur, l'engagement de se vouer pendant dix ans à l'enseignement public, s'ils réalisent cet engagement. » — Et article 18 de la loi du 10 avril 1867 : « Les instituteurs et instituteurs adjoints des écoles libres servant d'écoles publiques, et spécialement déterminées par le ministre. »

service ; ils peuvent librement changer de domicile, ou de résidence ; ils peuvent voyager en France ou à l'étranger, sans que le manquement aux exercices ou aux réunions résultant de cette absence puisse devenir contre eux le motif d'une poursuite. — Tout garde national mobile peut être admis comme remplaçant dans l'armée active ou dans la réserve s'il remplit les conditions des articles 19, 20 et 21 de la loi du 21 mars 1832. Dans ce cas, le remplacé est tenu de s'habiller et de s'équiper à ses frais, comme garde national mobile.

Art. 5. En cas d'appel à l'activité ou de réunion de la garde nationale mobile, conformément à l'article 1er de la présente loi, le conseil de révision, réuni au chef-lieu de département ou d'arrondissement, dispensera du service d'activité à titre de soutiens de famille, jusqu'à concurrence de 4 0/0, ceux qui auront le plus de titres à cette dispense. — Pourront se faire remplacer par un Français âgé de moins de 40 ans et remplissant les autres conditions exigées par les articles 19, 20 et 21 de la loi du 21 mars 1832, ceux qui se trouvent dans l'un des cas d'exemption prévus par les numéros 3, 4, 5, 6 et 7 de l'article 13 de ladite loi. — Le conseil de révision statuera sur les demandes de remplacement et sur l'admission des remplaçants.

SECTION II.

DE L'ORGANISATION DE LA GARDE NATIONALE MOBILE. —
DE SON INSTRUCTION.— DES PEINES DISCIPLINAIRES.

Art. 6. La garde nationale mobile est organisée par départements, en bataillons, compagnies et batteries. — Les officiers sont nommés par l'Empereur, et les sous-officiers et caporaux par l'autorité militaire. — Ils ne reçoivent de traitement que si la garde nationale mobile est appelée à l'activité. — Sont seuls exceptés de cette disposition l'officier chargé spécialement de l'administration, et les officiers et sous-officiers instructeurs.

Art. 7. Les jeunes gens de la garde nationale mobile sont soumis, à moins d'absence légitime : — 1° à des exercices qui ont lieu dans le canton de la résidence ou du domicile ; — 2° à des réunions par compagnies ou par bataillons, qui ont lieu dans la circonscription de la compagnie ou du bataillon. — Chaque exercice ou réunion ne peut donner lieu, pour les jeunes gens qui y sont appelés, à un déplacement de plus d'une journée. — Toute absence dont les causes ne sont pas reconnues légitimes sera constatée par l'officier ou le sous-officier de la compagnie, qui devra faire viser son rapport par le maire de la commune, lequel donnera son avis. — Après trois constatations faites dans l'espace d'un an, le garde national mobile peut être poursuivi conformément à l'article 83 de la loi du 13 juin 1851 (¹) devant le tribunal correctionnel, lequel, après vérification des causes d'absence, le condamne, s'il y a lieu, aux peines édictées par ledit article. — Sont exemptés des exercices ceux qui justifient d'une connaissance suffisante du maniement des armes et de l'école du soldat.

Art. 8. Pendant la durée des exercices et des réunions, la garde nationale mobile est soumise à la discipline réglée par les articles 113, 114 et 116 de la section II du titre V de la loi du 13 juin 1851 sur la garde nationale, ainsi que par les

---

(¹) Cet article punit une première infraction d'un emprisonnement de six à dix jours, et d'une amende de 16 à 30 fr.; la récidive dans l'année de la condamnation, d'un emprisonnement de dix à vingt jours, et d'une amende de 30 à 100 fr.

articles 5, 81 et 83 de ladite loi (¹). — Les peines énoncées à l'article 113 sont applicables, selon la gravité des cas, aux fautes énumérées aux articles 73, 74 et 76 de la section Iʳᵉ du titre IV (²).

(¹) Ces articles disposent : — « 5 : Les citoyens ne peu- » vent ni prendre les armes, ni se rassembler comme gar- » des nationaux avec ou sans uniforme, sans l'ordre des » chefs immédiats, et ceux-ci ne peuvent donner cet ordre » sans une réquisition de l'autorité civile. — 81 : Le » garde national mobile qui vend, détourne ou détruit les » armes de guerre, munitions ou effets d'équipement qui » lui ont été confiés, sera puni par les tribunaux correc- » tionnels d'un emprisonnement de deux mois à deux ans » et d'une amende de vingt-cinq francs au moins et du » quart au plus de l'estimation des détournements opérés, » sauf application des circonstances atténuantes. Les » armes, munitions ou effets seront restitués à la com- » mune. — 83 : (Voir page 39.) — 113 : Les peines » disciplinaires des gardes nationaux sont, pour les offi- » ciers : 1° les arrêts simples pour dix jours au plus ; 2° la » réprimande avec mise à l'ordre ; 3° les arrêts de rigueur » pour six jours au plus ; 4° la prison pour six jours au » plus ; — et pour les sous-officiers, caporaux et soldats : » 1° la consigne pour dix jours au plus ; 2° la réprimande » avec mise à l'ordre ; 3° la salle de discipline pour six » jours au plus ; 4° la prison pour six jours au plus. — » 114 : Les arrêts de rigueur, la prison et la réprimande » avec mise à l'ordre ne peuvent être infligés que par le » chef de corps ; les autres peines peuvent l'être par tout » supérieur à son inférieur, à la charge d'en rendre compte » dans les vingt-quatre heures, en observant la hiérarchie » des grades. — 116 : Le garde national qui, désigné pour » faire partie d'un détachement, refuse d'obtempérer à la » réquisition, ou quitte le détachement sans autorisation, » est traduit en police correctionnelle et puni d'un em- » prisonnement de dix jours à trois mois. S'il est officier, » sous-officier ou caporal, il est, en outre, privé de son » grade. »

(²) Ces articles s'appliquent, — l'article 73 : à l'officier qui, étant de service et en uniforme, tient une conduite qui compromet son caractère ou porte atteinte à l'honneur de la garde nationale, à l'officier ou chef de poste qui commet une infraction aux règles du service, à la

— La privation du grade est encourue dans les cas prévus aux articles 75 et 79 (¹); elle est prononcée : — pour les officiers, par l'Empereur, sur un rapport du ministre de la guerre; — pour les sous-officiers, caporaux ou brigadiers, par l'autorité militaire. — Les officiers, sous-officiers, caporaux ou brigadiers employés à l'administration ou à l'instruction, sont soumis à la discipline militaire pendant la durée de leurs fonctions.

SECTION III.

DE LA MISE EN ACTIVITÉ.

Art. 9. A dater de la promulgation de la loi de mise en activité de la garde nationale mobile, les officiers, sous-officiers, caporaux et gardes nationaux qui la composent sont soumis à la discipline et aux lois militaires. Ils supportent les charges et jouissent des avantages attachés à la situation des soldats, caporaux, sous-officiers et officiers de l'armée.

Art. 10. Sont abrogées toutes les dispositions

discipline ou à l'honneur de la garde nationale, et notamment contrevient à l'article 5 plus haut cité. — L'article 74 : à l'officier, sous-officier ou chef de poste coupable d'inexécution des ordres reçus, de manque de respect envers ses supérieurs, de propos outrageants envers un subordonné, ou d'abus d'autorité. — L'article 76 : aux sous-officiers, caporaux ou soldats désobéissants, ou ivres, ou abandonnant leurs armes, ou dont l'armement est mal entretenu.

(¹) Art. 75 : « Lorsque, dans le cas où l'ordre public est » menacé, un garde national, sans excuse légitime, ne se » rend pas à l'appel. » — 79 : « Lorsque, dans l'année qui » suit une première condamnation, un officier, sous- » officier ou garde national encourt de nouveau la peine » de la prison. »

contraires à la présente loi, et spécialement le titre VI de la loi du 22 mars 1831 (¹).

SECTION IV.

DISPOSITIONS TRANSITOIRES.

Art. 11. Font partie de la garde nationale mobile, à partir de la promulgation de la présente loi, sauf les exceptions prévues par l'article 2 de la présente loi, les hommes célibataires ou veufs sans enfants des classes de 1866, 1865, 1864, qui ont été libérés par les conseils de révision (²). — Ceux de la classe de 1866 y serviront quatre ans; — ceux de la classe de 1865 y serviront trois ans; — ceux de la classe de 1864 y serviront deux ans. — L'engagement de rester dix ans dans l'enseignement, prévu par les lois de 1832, 1850 et 1867 pourra être pris au moment où il sera procédé à la formation de la garde nationale mobile, en vertu des dispositions transitoires ci-dessus.

Art. 12. Le maire, assisté de quatre conseillers municipaux, les premiers inscrits sur le tableau, dresse l'état de recensement des jeunes gens de sa commune qui doivent faire partie de la garde nationale mobile, conformément à l'article précédent. — A Paris et à Lyon, cet état est dressé par le préfet ou son délégué, assisté de trois membres du Conseil municipal et du maire

(¹) Le titre VI de la loi du 22 mars 1831 avait pour objet les matières mêmes réglées par la nouvelle loi. Il traitait *Des corps détachés de la garde nationale pour le service de guerre.*

(²) Cette disposition se complète par les lignes suivantes extraites du rapport de la commission, et qui ont été rappelées dans le cours du débat : « *Les exonérés et les* » *remplacés des classes de* 1864, 1865, 1866, *ne feront* » *pas partie de la garde nationale mobile.* »

de chaque arrondissement, pour le recensement de cet arrondissement.

Art. 13. Un conseil de révision par arrondissement juge, en séance publique, les causes d'exemption qui ne peuvent être que celles prévues par les numéros 1 et 2 de l'article 13 de la loi de 1832, et les cas de dispense prévus par l'article 14 de la même loi, et par les articles 79 de la loi du 15 mars 1850 et 18 de la loi du 10 avril 1867. — Toutefois, ce conseil de révision peut exempter, comme soutiens de famille, jusqu'à concurrence de 10 0/0, ceux qui auront le plus de titres à l'exemption. — Ce conseil est présidé : — au chef-lieu du département, par le préfet, ou par le secrétaire général, ou par le conseiller de préfecture délégué par le préfet ; — au chef-lieu des autres arrondissements, par le sous-préfet. — Il comprend en outre : — un membre du Conseil général ; — un membre du Conseil d'arrondissement ; — un officier désigné par le général commandant le département. — En cas de partage, la voix du président est prépondérante. — Un médecin militaire est attaché au conseil de révision. — Ce conseil se transporte successivement dans les différents chefs-lieux et cantons de l'arrondissement. — Toutefois, selon les localités, le président peut réunir, pour les opérations du conseil, les jeunes gens appartenant à plusieurs cantons.

Art. 14. La réunion des listes arrêtées par les conseils de révision des arrondissements forme la liste du contingent départemental. — Les jeunes gens faisant partie de ces contingents sont inscrits sur les registres matricules de la garde nationale mobile des départements, et répartis en compagnies et bataillons d'infanterie et en batteries d'artillerie.

FIN DES LOIS.

DEMANDES ET RÉPONSES.

§ Ier. — **Armée active.** — **Réserve.** — **Garde nationale mobile.** — **Conditions et durée du service.**

Demande. De quoi se composent aujourd'hui les forces militaires de la France?—*Réponse.* D'une armée active, d'une réserve, d'une garde nationale mobile.

D. Qu'est-ce que l'armée active?—*R.* L'armée active est la réunion : 1° des conscrits qui ont amené au tirage au sort les numéros les plus bas, et ont été reconnus propres au service militaire; 2° des engagés et rengagés volontaires.

D. Quelle est la durée obligatoire du service dans l'armée active? — *R.* Cinq ans.

D. Qu'est-ce que la réserve?—*R.* La réserve comprend tous les jeunes soldats qui, après leurs cinq ans de service actif, rentrent dans leurs foyers.

D. Combien de temps et dans quelles conditions en fait-on partie? — *R.* Le temps de service dans la réserve est de quatre ans. Le soldat de la réserve est soumis, en cas de guerre, aux risques d'un rappel à l'activité par décret de l'Empereur. Il a le droit de se marier pendant les trois dernières années, sauf le cas de guerre ; mais, après comme avant son mariage, qu'il ait ou n'ait pas des enfants, il est obligé de remplir, si on l'appelle, toutes les obligations du service militaire.

D. Qu'est-ce que la garde nationale mobile ? — *R*. La garde nationale mobile comprend tous les jeunes gens non infirmes, et ayant la taille de 1 mètre 55 centimètres, qui ne font pas partie de l'armée active, c'est-à-dire ceux qui ont eu un bon numéro, ceux qui ont été exemptés du service pour une cause quelconque, ceux qui se sont fait remplacer.

D. Combien de temps et dans quelles conditions en fait-on partie? — *R*. La durée du service dans la garde nationale mobile est de cinq ans. En temps de paix, le garde national mobile jouit de tous les droits du citoyen ; mais il est astreint, quinze fois par année, au chef-lieu de canton, à une journée d'exercices militaires. Pendant ces exercices, il endosse l'uniforme et est soumis à la discipline réglée par les lois antérieures sur la garde nationale (voyez pp. 39 à 41). En temps de guerre, une loi ou un décret de l'Empereur, sauf la présentation d'une loi dans les vingt jours qui suivent, le *mobilise ;* c'est-à-dire qu'alors le garde national est encaserné, qu'il passe sous la discipline militaire, et qu'il est employé à la défense des places fortes, des frontières et des côtes de l'Empire, ou au maintien de l'ordre dans l'intérieur.

D. A quelle époque commence la durée du service pour les jeunes soldats et les gardes nationaux ? — *R.* Le 1er juillet de l'année du tirage au sort.

§ II. — Remplacement. — Substitution. — Exonération. — Dispenses et exemptions.

D. Le remplacement est-il autorisé ? — *R.* Oui, dans l'armée. Non, dans la garde nationale mobile.

D. Comment peut-on se faire remplacer ? — *R.* De deux manières. Ou par l'achat d'un homme réunissant les qualités indiquées pp. 20-21, ou par la substitution d'un numéro à un autre sur une liste cantonale.

D. Comment se fait cette substitution ? — *R.* Par l'accord de deux conscrits, dont l'un est appelé par son numéro au service dans l'armée active, et l'autre, quoique propre au service militaire, est exempté pour une cause quelconque. Si l'exempté consent à prendre la place de l'appelé, ce genre de remplacement s'appelle *substitution.*

D. Le remplacé ne répond-il pas de son remplaçant ? — *R.* Oui, dans une certaine mesure. Si le remplaçant déserte dans le cours de sa première année de service, le remplacé est responsable, et doit fournir un autre homme.

D. Qu'est-ce que l'exonération? — *R*. L'exonération était le droit de s'exempter du service militaire moyennant le paiement à l'État d'une certaine somme d'argent, sans qu'on eût à s'occuper de savoir si on aurait ou non un remplaçant, et ce que serait ou deviendrait ce remplaçant. La nouvelle loi l'a abolie, mais en permettant encore d'en user cette année, parce que, probablement, les remplaçants ne seront pas tout d'abord faciles à trouver.

D. Pourquoi a-t-on aboli l'exonération? — *R*. Sans doute parce qu'elle donnait à l'État plus d'argent que d'hommes, et qu'il croit avoir maintenant besoin d'hommes encore plus que d'argent.

D. Qu'est-ce qu'être dispensé ou exempté? — *R*. C'est avoir, pour une cause quelconque prévue par la loi, le droit de ne pas faire, soit dans l'armée, soit dans la garde nationale mobile, le service auquel votre numéro du tirage au sort vous avait appelé.

D. Les cas de dispense ou d'exemption sont-ils les mêmes dans l'armée et dans la garde nationale mobile? — *R*. Non. Dans l'armée, ils sont assez nombreux (voir pp. 15 à 18). Dans la garde nationale mobile, les seuls cas d'exemption sont les infirmités, le défaut de taille, et l'exercice de certaines fonctions indiquées page 36. Cependant, les Conseils de révision peuvent exempter, à titre de soutiens de famille, dix jeunes gens sur cent, et, en temps de guerre, quatre de plus sur cent.

D. A quel moment faut-il faire valoir les motifs d'exemption ou de dispense? — *R*. Au moment des opérations du Conseil de révision. Cependant, les jeunes soldats qui, après la décision du Conseil ou leur incorporation, deviennent uniques soutiens de famille, ou de femme veuve, ou de père aveugle, passent, s'ils le demandent, dans la réserve pour le temps qu'ils ont à servir.

§ III. — **Engagements**. — **Rengagements**.

D. A quel âge et pour combien de temps l'engagement volontaire peut-il être contracté? — *R*. A dix-sept ans, pour deux ans au moins et neuf ans au plus.

D. Donne-t-il droit à une prime? — *R*. Non.

D. Comment et pour combien de temps le rengagement peut-il être contracté? — *R*. Le rengagement peut être contracté pour une durée de deux à cinq ans, dans la dernière année de service actif ou l'avant-dernière de la libération.

D. Donne-t-il droit à une prime? — *R*. Non. Seulement, après cinq ans de service, le rengagé a droit à une haute paie.

D. L'engagé volontaire exempte-t-il de la conscription son frère puîné? — *R*. Oui, s'il s'est engagé pour neuf ans. Non, dans le cas contraire.

§ IV. — Les classes 1864, 1865, 1866, 1867 devant la garde nationale mobile.

D. Quel est l'effet de la loi sur les jeunes gens des classes 1864, 1865, 1866, aujourd'hui libérés du service? — *R.* Ceux d'entre eux qui se sont exonérés, c'est à dire qui, ayant amené un mauvais numéro, ont payé à l'État une certaine somme d'argent pour s'exempter du service, sont définitivement quittes. Ceux, au contraire, qui ont amené un bon numéro, ou ont échappé au service en invoquant un motif d'exemption autre que le défaut de taille ou des infirmités, sont repris et font partie de la garde nationale mobile : les conscrits de 1864 pour deux ans, les conscrits de 1865 pour trois ans, les conscrits de 1866 pour quatre ans, à partir du mois de février 1868.

D. Et les conscrits de la classe 1867 qui vont tirer au sort? — *R.* Tous ceux qui sont valides et échapperont au service militaire feront partie de la garde nationale mobile pour cinq ans, à partir du 1er juillet prochain.

§ V. — Résumé.

D. En résumé, quelle sera la condition de nos futurs conscrits? — *R.* Prenons un conscrit de la classe 1867. Il tirera au sort en mars ou en avril 1868; s'il a amené un mauvais numéro, il partira le 1er juillet 1868 et restera dans l'armée active jusqu'au 30 juin 1873. Le lendemain 1er juillet 1873, rentré dans ses foyers, il sera inscrit dans les cadres de la réserve, et jusqu'au 30 juin 1877 si la France fait la guerre, c'est lui qui la fera. A cette époque, âgé de trente ans, il aura payé sa dette au pays, il sera libre. — S'il amène un bon numéro, ou si, en ayant un mauvais, il est exempté du service parce qu'il a un cas de dispense, ou qu'il achète un remplaçant, il sera inscrit dans la garde nationale mobile pour cinq ans, c'est-à-dire jusqu'au 30 juin 1873, et il fera le service plus haut indiqué.

§ VI. — Comparaison de l'ancienne et de la nouvelle loi.

D. La nouvelle organisation est-elle une aggravation de l'ancienne? — *R.* C'est évident, puisque l'ancienne, qui imposait sept ans de service seulement, commençant le 1er janvier de l'année du tirage au sort, eût laissé libre le 31 décembre 1874 le jeune soldat de 1867, qui ne sera libre, comme on vient de le voir, que deux ans et demi plus tard, le 30 juin 1877. C'est évident encore, puisque sous l'ancienne loi les conscrits qui vont avoir un bon numéro, ou se faire remplacer, seraient restés libres, et que la nouvelle loi les habille, au contraire, en gardes nationaux mobilisables jusqu'au 30 juin 1873. C'est évident enfin, puisque les libérés des classes 1864, 1865, 1866, qui étaient quittes de tout service militaire, vont apprendre en uniforme l'exercice du fusil pendant deux, trois et quatre ans.

D. On a prétendu cependant que la nouvelle loi, si elle augmentait les charges du pays en temps de guerre, les amoindrissait en temps de paix ; car la durée du service actif, qui autrefois était de sept ans, ne sera plus que de cinq. Ce n'est donc pas vrai ? — *R.* Pas tout à fait, et en voici la preuve. Autrefois, le service actif était en apparence de sept ans ; en réalité, de cinq ans et demi. En 1865, le général Allard, commissaire du gouvernement, a dit au Corps législatif : « Quand une » classe est appelée, elle n'est pas immédiate- » ment incorporée. Il s'écoule toujours huit » mois avant l'incorporation des jeunes sol- » dats, et les classes sont le plus souvent » congédiées avant l'époque de la libération » définitive. *La durée du service n'est donc en* » *réalité et en fait que de cinq ans et demi.* » Ainsi, il est certain que la différence entre l'ancienne et la nouvelle durée du service actif n'est bien que de six mois. Or, d'autre part, une brochure sortie de l'imprimerie impériale, et publiée dans le *Moniteur du soir,* fait connaître qu'autrefois, sur un contingent de 100,000 hommes, 36,000 n'étaient assujettis qu'à un exercice de quelques mois dans les dépôts pendant trois ans; mais qu'à l'avenir, ce bénéfice ne sera accordé qu'à 15,000 hommes, et qu'au lieu de 23,000 hommes sur 100,000 annuellement appelés sous les drapeaux, il y en aura dorénavant 63,000 (1).

(1) Voici le tableau même dressé par la brochure. Il a pour but de décomposer l'emploi des cent mille hommes du contingent annuel sous l'ancien et sous le nouveau système. Ce tableau appelle *première portion* le nombre d'hommes gardés dans les casernes pendant toute la durée du service, et *seconde portion* le nombre de ceux que, pour diminuer les dépenses, on laisse le plus possible dans leurs foyers, après qu'ils ont été instruits dans les dépôts. — On remarquera que, dans le premier tableau, les exonérés figurent avec les non-valeurs en dehors de l'effectif de l'armée de terre; d'où la conséquence que l'exonération servait presque exclusivement à enrichir l'État, et ne procurait presque aucun homme. — Ce tableau figure en note au bas de la page 7 de la brochure.

	ANCIEN SYSTÈME.		Hommes.
Dispensés et pertes	15,000		
Marins	6,000		41,000
Exonérés	20,000		
Armée de terre. { 1re portion	23,000		
2e portion	36,000		59,000
		Total	100,000

	NOUVEAU SYSTÈME.		Hommes.
Dispensés et pertes	15,000		22,000
Marins	7,000		
1re portion	63,000		78,000
2e portion	15,000		
		Total	100,000

Tout cela en temps de paix. Si la guerre éclate, on sait ce qui arrive aux hommes de la réserve et de la garde nationale mobile. Temps de paix ou temps de guerre, l'augmentation des charges est donc sensible, et aussi manifeste que la lumière du jour.

D. Mais si autrefois les jeunes soldats appelés n'étaient pas incorporés avant huit mois, peut-être en sera-t-il de même dans l'avenir, et de cette façon la différence des deux ans de service actif resterait entière? — *R.* Non. La brochure sortie de l'imprimerie impériale assure que le retour des soldats libérés dans leurs foyers est très avantageusement fixé au mois de juillet. Si au mois de juillet les anciens soldats partent, c'est nécessairement que les conscrits viendront les remplacer. Le boni de huit mois est donc bien perdu pour l'avenir, et au rebours des anciens sept ans qui n'étaient que cinq ans et demi, les cinq ans nouveaux seront bien cinq ans complets.

D. On a dit que la réserve ne serait pas appelée souvent; car, depuis cinquante ans, elle ne l'aurait été que deux fois, lors des guerres de Crimée et d'Italie. Ce calcul est-il juste? — *R.* Il est ingénieux plus que juste; car il fait entrer en ligne de compte trente-deux années des Gouvernements parlementaire et républicain, complètement différents du Gouvernement impérial, et sous lesquels la guerre était fort difficile à faire. En réalité, depuis l'Empire, on convient que les réserves auraient été appelées deux fois, et encore omet-on de parler de la guerre du Mexique, qui peut-être aurait nécessité le rappel.

D. On a dit que la loi sur la garde nationale mobile était une atténuation plutôt qu'une aggravation de l'ancien système; car une loi de 1831 autorisait le gouvernement à appeler sous les drapeaux, sous le nom de *corps détachés de la garde nationale,* les célibataires et pères de famille âgés de 20 à 30 ans, et à l'avenir le garde national sera libre à 26 ans. Cela est-il vrai? — *R.* En apparence, oui; en réalité, non. Sans doute cette loi de 1831 existait; mais qui l'a jamais vu appliquer? Qui, depuis dix-huit ans, avait vu un garde national mobile? Eh bien! avant trois mois, vous en verrez 400,000 en uniforme et maniant le fusil.

D. On a dit que la loi nouvelle ne coûterait presque rien au pays. Qu'en faut-il croire? — *R.* Cela dépend de la manière d'apprécier les chiffres. Dans son rapport à l'Empereur, en date du 26 janvier dernier, M. Magne, ministre des finances, a annoncé qu'en 1868 la nouvelle organisation de l'armée coûterait 16 millions de plus qu'on n'avait prévu; la garde nationale mobile, 5 millions; divers services de la marine et des colonies, 2 millions 700,000 fr. Si 24 millions de plus dépensés en une année de paix pour le budget de la guerre ne sont rien, on a eu raison de dire que la loi nouvelle ne ferait pas beaucoup monter les impôts. Mais il y a des gens qui trouvent que 24 millions sont beaucoup d'argent, et qui ajoutent que cet argent ne suffira pas, et qu'il en coûtera davantage pour armer, entretenir, loger et nourrir tant de monde.

D. On a dit que la loi nouvelle n'était pas une loi de guerre, et que la paix serait bien plus assurée après qu'avant. Quelle garantie en a-t-on? — *R*. La garantie des paroles de l'Empereur et de ses ministres.

D. Qui décide en France de la paix ou de la guerre? — *R*. L'Empereur.

D. Qui commande les armées de terre et de mer? — *R*. L'Empereur.

D. Qui a le droit d'appeler la réserve? — *R*. L'Empereur.

D. Qui a le droit de mobiliser la garde nationale? — *R*. Une loi, ou un décret de l'Empereur pourvu que, dans les vingt jours qui suivent, une loi soit présentée aux Chambres.

D. Si l'Empereur peut à son gré faire la paix ou faire la guerre, appeler ou laisser chez eux nos 1,200,000 soldats, c'est donc de sa volonté seule et de ses actes que dépendent les destinées du pays, de l'armée active, de la réserve et de la garde nationale mobile? — *R*. Incontestablement.

§ VII. — **Conclusion**.

D. Les citoyens qu'un pareil état de choses ne satisfait pas, n'ont-ils aucun moyen d'y remédier? — *R*. Ils en ont un, mais un seul. Employer le suffrage universel pour faire arriver dans les Conseils de la commune, du département et du pays, des hommes choisis par eux, et non des hommes choisis par les préfets ou les maires; notamment voir en tête de cette brochure quels sont les députés qui ont voté la loi militaire, et, aux prochaines élections, ne pas les réélire. Rien ne sert de crier et de se plaindre; pour obtenir un résultat, il faut agir. Et, encore une fois, la seule action raisonnable, c'est la guerre aux candidatures officielles. Si vous voulez éviter l'autre guerre, qui est ruineuse et sanglante, pratiquez celle-là, qui est facile et sera efficace.

J. MASSICAULT.

Bordeaux. — Imp. G. Gounouilhou, rue Guiraude, 11.

Bordeaux. — Impr G. Gounouilhou, rue Guiraude, 11.

9 782329 397504